ADDITION

AUX

MÉMORIAUX DU CONSEIL DE 1661

PAR

JEAN DE BOISLISLE

(Extrait de l'*Annuaire-Bulletin de la Société de l'Histoire de France*, année 1912.)

PARIS
1913

A Monsieur Alfred Pérévie
Hommage amical
Boislisle

ADDITION

AUX

MÉMORIAUX DU CONSEIL DE 1661

PAR

JEAN DE BOISLISLE

(Extrait de l'*Annuaire-Bulletin de la Société de l'Histoire de France*, année 1912.)

PARIS
1913

ADDITION

AUX

MÉMORIAUX DU CONSEIL DE 1664

Une communication gracieuse de M. Delavaud, dont je tiens à me déclarer de suite l'obligé, m'a permis de découvrir récemment, au dépôt des Affaires étrangères, plusieurs documents intéressants que j'avais vainement recherchés naguère, lors de l'annotation des *Mémoriaux du Conseil de 1664*.

Ces documents se trouvent disséminés dans les papiers de Léonard de Mousseaux du Fresne, en partie restitués, en 1910, aux Archives du quai d'Orsay[1]. Ils pourront servir, à notre avis, d'indication aux érudits attentifs à l'histoire des débuts du règne de Louis XIV : leur trace mérite d'être suivie.

Les registres que nous avons tenus entre nos mains portent d'anciennes cotes qui nous laissent soupçonner qu'ils appartenaient à l'origine à une collection plus complète. D'autre part, la carrière de du Fresne, auteur de ce fonds d'archives, nous étant maintenant connue, grâce aux études pénétrantes de M. Delavaud[2], nous savons quelles places de choix occupa successivement ce premier commis du jeune Brienne, d'abord secrétaire du marquis de Feuquières, qu'il accompagna dans ses missions diplomatiques, et, plus tard, collaborateur d'Hugues de Lionne et du grand Colbert lui-même. C'est donc une source de qualité.

Si les pièces que nous allons reproduire n'offrent pas de lien immédiat entre elles, ni de faits très nouveaux, elles nous ont paru, cependant, capables de composer la matière d'un article

---

1. Mémoires et documents, fonds FRANCE, vol. 2128-2136.
2. L. Delavaud, *le Marquis de Pomponne* (1911), p. 4, 304, 348; — *Changement de ministre* (*Revue de Paris*, 15 juillet 1911); — *le Trésor de Childéric* (ibidem, 15 septembre 1911); — *Un projet d'établissement commercial français à Arkhangel*, p. 316-318 (*Revue des Sciences politiques*, novembre-décembre 1912).

qui sera comme une sorte d'addition à la publication que la Société de l'histoire de France nous fit autrefois l'honneur de nous confier. Enfin, un peu plus de clarté en rejaillira sur l'histoire d'une période toujours digne de recherches plus profondes, puisque l'on y voit naître, après les désordres troublants de la Fronde, l'autorité libératrice d'un jeune roi, dont la gloire rayonne encore sur la France.

I.

Lettre particulière de Brienne, fils [1], à M. de Thou [2], sur l'état des affaires après la mort du cardinal Mazarin.

Paris, 25 mars 1661 [3].

Monsieur,

J'ai reçu par ce dernier ordinaire, avec votre dépêche du 17 de ce mois, la lettre particulière que vous m'avez fait l'honneur de m'écrire, de laquelle, comme toutes les autres choses que vous voudrez bien qui soient entre vous et moi, j'userai avec discrétion, secret et fidélité.

Je vois que, par l'ordre qui avoit été pris pour les dépêches, ce seroit un redoublement de travail que de continuer à les faire doubles entre mon père et moi, comme il avoit été résolu à cause que le Roi peut s'éloigner de Paris et que peut-être mon père ne le pourroit pas suivre, auquel cas il eût été bien que, pour éviter le retardement de la dite dépêche qui arrive par le déchiffrement que mon père en fait faire, le double eût passé droit à moi, avec votre réponse à celles que je vous aurois envoyées de la cour; mais, comme ces mêmes dépêches coûteroient trop de temps et de peine chez vous à faire doubles à cause des mémoires qui les accompagnent, j'estime, Monsieur, qu'il suffira de m'envoyer seulement le double de ce que vous aurez écrit à mon père avec votre réponse aux miennes, afin que je puisse, recevant de bon temps

1. Louis-Henri-Joseph de Loménie, comte de Brienne, dit le jeune Brienne, depuis 1651 survivancier de son père, qui a succédé lui-même à Chavigny comme secrétaire des Affaires étrangères, sera renversé avec lui en 1663 par Lionne et Colbert (*Mémoriaux du Conseil de 1661*, t. 1, p. 6 et 7).

2. Jacques-Auguste, président de Thou, ambassadeur à la Haye depuis 1657 (*ibid.*, p. 184).

3. Dépôt des Affaires étrangères, Mémoires et documents, vol. FRANCE 2128, fol. 39-40.

vos lettres à la suite du Roi, en faire le rapport à S. M. avant que le mystère des nouvelles en puisse être éventé par les avis qui se reçoivent des particuliers, lesquels, étant pour la plupart déguisés ou corrompus, ou dès leur source ou dans les canaux par où ils passent, préviennent les esprits de la cour par des fausses impressions qui font douter de la vérité des autres, ou qui ruinent le prix des véritables quand ils sont vrais et qu'ils ont prévenu. Car vous savez bien, Monsieur, que la nouveauté ou touche ou récrée l'esprit de la cour et qu'elle donne lieu à bien parler de celui qui la fournit et le préserve des mauvais offices.

Encore que vous ayez eu jusques ici de la retenue à parler de vos intérêts depuis la mort de M. le cardinal Mazarini, je n'ai pas laissé de me tenir toujours prêt à en parler au Roi dans le Conseil, afin qu'il y soit pourvu, S. M. apportant un esprit de justice et d'équité à toutes ces sortes d'affaires, ce qui rend ses ministres hardis à proposer la satisfaction des absents ; mais jusques ici, on s'est plus appliqué aux choses que la mort ou les dernières volontés de feu M. le Cardinal ont fait naître qu'à celles qui se trouvent dans le cours ordinaire des affaires de l'État...[1].

... Ce que je viens de vous dire des affaires auxquelles on s'attache aujourd'hui le plus vous peut aisément faire juger de l'emploi de nos trois messieurs, parmi lesquels M. le Tellier est celui qui paroisse avoir le plus d'éclat [et] de faveur[2].

J'entre dans votre sentiment, pour ce qui regarde l'établissement du consulat que mon père m'a laissé, qu'il importe avant toutes choses de le remplir d'un homme d'honneur et qui en ait la réputation, tel que vous me le représentez ; mais ce que je regarde [comme] plus [nécessaire] présentement est de travailler à régler ces intérêts avec les ambassadeurs extraordinaires des États, afin d'établir le droit du consulat. Je le ferai autant que je pourrai sur le pied du mémoire qu'il vous a plu m'en envoyer, dont je vous rends mille grâces. J'attends de vous, Monsieur, la continuation des éclaircissements nécessaires à cette affaire que je pourrai dire que vous m'avez faite si elle réussit.

Je suis toute ma vie inviolablement...

1. Nous supprimons ici un passage sans intérêt et qui n'est pas clair dans le texte. Il faut noter d'ailleurs, à ce propos, que cette lettre n'est qu'un brouillon incorrect de la dépêche que Brienne dut expédier alors à M. de Thou.
2. Michel le Tellier, secrétaire d'État de la Guerre depuis 1643, passait communément alors pour devoir recueillir à lui seul, à cause de son expérience, la succession de Mazarin comme premier ministre (*Mémoriaux du Conseil de 1661*, t. I, p. 5, note 6).

II.

Louis XIV au Conseil de l'Alliance du Rhin[1].

Paris, 16 avril 1661[2].

Très chers et bien amés,

Le désir que nous avons de maintenir le repos dans l'Empire nous obligeant à tenir sans cesse les yeux ouverts sur les occasions qui se présentent de nous employer à l'assurer contre les accidents qui peuvent le troubler, nous avons cru ne devoir pas différer à vous envoyer le sieur de Gravel, conseiller en nos Conseils d'État et privé, commissaire général de nos troupes ordonnées et entretenues pour l'Alliance, pour, sur les occurrences présentes, concerter avec vous des moyens qui seront à tenir pour se précautionner contre les nouveautés qui se font dans l'Empire et contre les dangers dont ses frontières sont menacées par les infidèles. Ledit sieur de Gravel est pleinement instruit de nos intentions sur tout ce qui touche les intérêts de nos alliés et, comme nous lui avons ordonné de vous en donner part, nous vous convions aussi de lui donner entière créance et nous le faisons d'autant plus volontiers que nous sommes assuré qu'il n'a rien à dire ni à proposer en notre nom qui ne regarde le bien et les avantages de nos alliés et l'affermissement de notre union, et à vous offrir à tous en général et à chacun en particulier notre royale bienveillance, priant Dieu qu'il vous ait, très chers et bien amés, en sa sainte garde.

III.

M. de Lamoignon[3] *au comte de Brienne.*

Paris, 13 juillet 1661[4].

Monsieur,

Il y a longtemps qu'il a plu au Roi m'accorder une prière que

---

1. *Mémoriaux du Conseil de 1661*, t. I, p. 188-190.
2. Dépôt des Affaires étrangères, Mémoires et documents, vol. FRANCE 2129, fol. 44; copie.
3. Guillaume de Lamoignon, premier président du Parlement de Paris, le grand réformateur de la justice française.
4. Dépôt des Affaires étrangères, Mémoires et documents, vol. FRANCE 2135, fol. 7; original.

je lui fis en faveur du Parlement pour demander au pape qu'on pût obtenir des bénéfices de commande en commande en conséquence de l'indult[1]. J'eus l'honneur de vous en parler dès lors, mais comme les dispositions n'étoient pas propres pour rien demander en cour de Rome, et qu'ensuite ma maladie m'a empêché depuis près de trois mois de songer à aucune affaire, la chose a été différée jusques ici. Maintenant que M. d'Aubeville est en cour de Rome de la part du Roi, il pourra peut-être utilement y travailler. Je lui en parlai même avant qu'il partit et lui fis espérer qu'il recevroit de vous les instructions et les ordres pour cet effet. C'est ce dont je vous supplie très humblement. Je vous envoie un mémoire de toute l'affaire, qui pourra servir d'instruction si vous le jugez à propos. Au surplus, Monsieur, je vous prie de me permettre de profiter de cette occasion pour vous renouveler les assurances de mes services et les protestations qu'il n'y a personne qui soit avec plus de vérité que je suis, Monsieur, votre très humble et très obéissant serviteur.

De Lamoignon.

P.-S. — Je crois, Monsieur, que vous jugerez à propos d'en dire un mot de la part du Roi à M. le Nonce.

IV.

M. de Thou à l'évêque-prince de Münster[2].

La Haye, 13 août 1661[3].
Monsieur,

J'ai reçu par les mains du sieur de Schmising[4], conseiller d'État de Votre Altesse, la lettre qu'il lui a plu me faire l'honneur de m'écrire en créance, laquelle il m'a expliquée avec beaucoup de suffisance et sur laquelle je me remets à lui de faire entendre à Votre Altesse mes sentiments. De sorte qu'il ne me reste qu'à la remercier de la confiance qu'elle veut bien prendre en moi, en quoi je la puis assurer qu'elle ne sera pas déçue, puisque j'ai des ordres très précis du Roi mon maître d'appuyer et soutenir les

---

1. *Mémoriaux du Conseil de 1661*, t. II, p. 102, 107, 108.
2. Christophe-Bernard von Galen (1604-1678), évêque de Münster, en Westphalie (*Mémoriaux du Conseil de 1661*, t. I, p. 63).
3. Mémoires et documents, vol. France 2129, fol. 286; original.
4. Mathieu Korf, dit Schmissing ou Schmising, envoyé de l'évêque de Münster en France.

intérêts de Votre Altesse avec autant de zèle et d'affection que les siens propres, de façon qu'elle demeurera, s'il lui plait, persuadée que celui qu'elle envoyera ici pour demander la restitution de sa terre de Borkeloo[1] me trouvera très prompt et très disposé à lui rendre toutes sortes d'offices au nom du Roi mon maitre, et non seulement en cette occasion, mais en toutes autres, je m'efforcerai de lui faire paroître que je suis, avec une estime très particulière et une très forte passion, Monsieur, de Votre Altesse, le très humble et très assuré serviteur.

De Thou,
Ambassadeur de France.

V.

État des ambassadeurs et ministres qui ont été employés pour le service du Roi dans les pays étrangers pendant les années 1658, 1659, 1660 et 1661, comme aussi des appointements qu'ils ont reçus [2].

(Donné au mois de novembre 1661.)

Italie.

Rome. — M. le cardinal Antoine Barberin[3].
M. le cardinal d'Este, protecteur[4].
M. le cardinal Orsini, comprotecteur[5].
Millet [de Jeurs][6].

M. Colbert de Vendières[7]. } Envoyés extraordinaires payés extraordinairement.
M. d'Aubeville[8].

M. Gueffier, résident.
Son secrétaire.

---

1. Borkloe ou Borculo, petite ville du comté de Zusphen (*Mémoriaux du Conseil de 1661*, t. II, p. 20, 119, 122, 158, 161, 225, 230, 231, 279).
2. Dépôt des Affaires étrangères, Mémoires et documents, vol. France 2135, fol. 257-261; copie : cf. *Mémoriaux du Conseil de 1661*, t. II, appendice IV, p. 291-300.
3. *Mémoriaux du Conseil de 1661*, t. I, p. 14, 17, 254.
4. *Ibid.*, t. I, p. 67.
5. *Ibid.*, t. I, p. 17.
6. *Ibid.*, t. II, p. 31.
7. *Ibid.*, t. I, p. 17, 37-38.
8. *Ibid.*, p. 17, 66-68, 198-199, 255.

M. l'abbé de Bourlémont, auditeur de rote[1].
Luzarches, maitre des cérémonies de MM. les ambassadeurs de France[2].
Serroni, avocat du Roi... payé extraordinairement[3].
M. l'abbé Fenentelli, avocat du Roi.

Les susdits cardinaux ayant eu à faire avec feu Mgr le Cardinal pour leurs pensions et appointements et pour les gratifications de S. M., M. Colbert en donnera bonne information.

Les trois envoyés extraordinaires payés de la même manière.

M. Gueffier, pour trois quartiers de sa pension de conseiller d'État, à raison de deux mille livres par an, expédié ses ordonnances pour les années 1658, 1659 . . 3,000 ₶

A lui encore, pour trois quartiers de sa pension ordinaire à Rome, à raison de deux mille livres par an, donné des ordonnances pour les années 1658, 1659. . 3,000 ₶

Au sieur Bourgoin, son secrétaire, pour vingt-huit ans de services en cette charge, à raison de quatre écus livres par an. N'a été délivré d'ordonnance, ayant pour le tout été renvoyé à M. Colbert, par ordre de S. M.[4].

A M. l'abbé de Bourlémont, auditeur de rote pour la France, à raison de trois mille livres par an, par ordonnance du 27e septembre, pour l'année 1658, trois mille livres, et pour l'année 1659 pareille somme, par ordonnance du 12e novembre, et pour l'année 1660 autre ordonnance de trois mille livres.

Et pour les dites trois années . . . . 9,000 ₶

M. de Luzarches, maître des cérémonies des ambassadeurs de Rome, a deux mille livres par an, dont n'a pris ordonnance du Roi.

M. Serroni payé extraordinairement.

L'abbé Fenentelli ne fait encore qu'entrer en service.

VENISE (1657, 1658, 1659, 1660, 1661).
Ambassadeur.

1. Charles-François d'Anglure, abbé de Bourlémont (*Mémoriaux du Conseil de 1661*, t. I, p. 255; II, 108, 123, 188, 297; III, 89).
2. Jean de Thurin de Luzarches (*ibid.*, t. II, p. 298).
3. *Ibid.*, t. I, p. 76, 79.
4. En marge : *Luy est tout deub*.

Secrétaire.
Résident.
L'agent ou conseil.

A M. du Plessis-Besançon[1], pour six mois de son ambassade à Venise à commencer du premier décembre 1657 jusques au dernier mai 1658, neuf mille livres à raison de dix-huit mille livres par an	9,000 ₶
Pour le change de la dite somme à raison de seize pour cent.	CXL ₶ (sic) (140 ₶)
A lui, pour ses gages du Conseil par ordonnance du 23 juillet 1658 pour trois quartiers de l'année 1657 quatre mille cinq cents livres et pour le quartier restant quinze cents livres.	6,000 ₶
A lui encore, pour les voyages qu'il a faits pour le service du Roi à Parme et à Plaisance par ordonnance du 24 octobre 1658.	3,000 ₶
M. l'archevêque d'Embrun[2] : achevé de payer de ses appointements d'ambassadeur extraordinaire à Venise par ordonnance du 29 novembre 1660 de la somme de quinze mille livres	15,000 ₶
Au sieur Gohorri, du 20 février 1659, pour dix mois de sa résidence à Venise, à raison de cent écus par mois[3], depuis le 1ᵉʳ mai 1658 jusques au dernier février 1659	3,000 ₶
A lui encore, pour vingt mois de sa résidence depuis le 1ᵉʳ mars 1659 jusques au dernier octobre 1660 par ordonnance à la même raison	6,000 ₶
Au sieur Paul Vedoa[4], secrétaire italien pour les ambassadeurs de France à Venise, par ordonnance, mil cinquante livres pour l'année 1659 et autant pour l'année 1660	2,100 ₶

FLORENCE. — Au sieur de Strozzi[5], résident pour le

---

1. Bernard du Plessis-Besançon (1600-1670), dont les *Mémoires* ont été publiés par le comte Horric de Beaucaire pour la Société de l'histoire de France, en 1892.
2. Georges d'Aubusson de la Feuillade (*Mémoriaux du Conseil de 1661*, t. I, p. 177-179).
3. En marge : *poursuit assignation*.
4. *Mémoriaux du Conseil de 1661*, t. II, p. 299.
5. *Ibid.*, p. 290 et 294.

Roi à la cour de Florence, n'a été payé par les ordres de M. le comte de Brienne. Il demande plusieurs années à raison de douze mille livres par an. M. Colbert peut savoir ce qu'il a touché de feu Mgr le Cardinal.

Gênes. — M. le marquis Giustiniani[1], résident pour le Roi à Gênes, demande ses appointements depuis plusieurs années, à raison de douze mille livres par an, dont il ne lui a point été expédié d'ordonnances; M. Colbert peut savoir ce qui lui a été payé par feu Mgr le Cardinal.

Suisse. — M. de la Barde[2], ambassadeur ordinaire jusques en l'an 1661.

Du 21ᵉ juillet 1658, par ordonnance de comptant, deux cent mille livres . . . . 200,000 ₶

A lui, par ordonnance du 4ᵉ juillet 1659, pareille somme de . . . . 200,000 ₶

A lui, par ordonnance du 7ᵉ juillet 1661, quatre cent dix mille livres. . . . . 410,000 ₶

Savoie. — M. Servient, ambassadeur[3].

A M. Servient, pour trois quartiers de ses gages du Conseil, par ordonnance du 15ᵉ de mars 1658, à raison de dix mille livres par an . . . . 10,000 ₶

A lui, pour une année de ses appointements d'ambassadeur, par ordonnance du 26ᵉ septembre 1658, dix-huit mille livres . . . . 18,000 ₶

A lui, par ordonnance du 2ᵉ de mars 1659, pour trois quartiers de ses gages du Conseil, à raison de deux mille livres par an. . . . . 1,500 ₶

A lui, par ordonnance du 20ᵉ de juin 1661, pour l'année de ses appointements d'ambassadeur (1660) . . . 18,000 ₶

A lui, pour trois quartiers de ses gages, d'ordonnance du Conseil, raison de six mille livres durant l'année 1660, par ordonnance du 19 novembre 1661 . . . . 4,500 ₶

A lui, du même jour, pour trois quartiers de sa pen-

---

1. Gianettino, marquis Giustiniani, résident depuis 1644 (*Mémoriaux du Conseil de 1661*, t. II, p. 295).

2. *Ibid.*, t. I, p. 300, 301, 307.

3. Ennemond Servient (1596-1679) (*Mémoriaux du Conseil de 1661*, t. I, p. 253, note 15).

sion, à raison de six mille livres pour la même année
1660 . . . . 4,500 ₶

Liste des ambassadeurs[1].

Rome. — Le cardinal Antoine, ministre des affaires de France, faisant les fonctions d'ambassadeur.
Le cardinal d'Este, protecteur des affaires de France.
Secrétaire d'ambassade : Braccesi[2].
L'abbé de Bourlémont, auditeur de rote, faisant les affaires du Roi.
Luzarches, maître de chambre de MM. les ambassadeurs de France.
M. d'Aubeville, envoyé extraordinaire.
Serroni, avocat pour le Roi en cour de Rome.

Venise. — Ambassadeur vacant.
Secrétaire d'ambassade de retour.
Paul Vedoa, consul de la Nation recevant les dépêches du Roi.

Florence. — M. Strozzi, résident.

Raguse. — Vacant.

Gênes. — Le marquis Giustiniani, résident.

Savoie. — M. Servient, ambassadeur.

Suisse. — M. de la Barde.
Baron, secrétaire d'ambassade interprète.
Vigier, interprète ; sert bien qu'il soit Suisse et qu'il ait opté.

Constantinople. — Ambassadeur . . . . 36,000 ₶

Espagne. — Ambassadeur.
Secrétaire d'ambassade.

Portugal. — Ambassadeur vacant.

Angleterre. — M. d'Estrades[3].
Secrétaire d'ambassade.

Hollande. — M. de Thou.

---

1. Mémoires et documents, vol. France 2135, fol. 237-238 ; copie.
2. *Mémoriaux du Conseil de 1661*, t. I, p. 251, 255.
3. Godefroy, comte d'Estrades (*Mémoriaux du Conseil de 1661*, t. I. p. 346).

FLANDRES. — Ambassadeur; résident, vacant.
LORRAINE. — Néant.
ALLEMAGNE. — Francfort : résident.
   Strasbourg : résident.
VIENNE. — Résident, vacant.
BAVIÈRE. — Résident, vacant.
SAXE. — Résident, vacant.
HESSE-CASSEL. — Résident, vacant.
HAMBOURG. — Résident, vacant.
DANEMARK. — Ambassadeur, vacant.
SUÈDE. — Ambassadeur, vacant.
   Secrétaire d'ambassade : Chassan[1] . . . . .   3,600 ħ
POLOGNE. — Ambassadeur : M. de Lumbres[2].
   Akakia, envoyé extraordinaire[3].

1. *Mémoriaux du Conseil de 1661*, t. I, p. 121, 123.
2. *Ibid.*, t. I, p. 141, 143-145.
3. *Ibid.*, t. I, p. 209, 217.

www.ingramcontent.com/pod-product-compliance
Lightning Source LLC
Chambersburg PA
CBHW070546050426
42451CB00013B/3193